I0111795

DU BOUDDHISME

ET DE SON ACTION CIVILISATRICE EN ORIENT.

ÉTUDE HISTORIQUE.

Par M. DUBOUL (Just-Albert),

MEMBRE DE L'ACADÉMIE DES SCIENCES BELLES - LETTRES ET ARTS DE BORDEAUX

SE VEND A BORDEAUX,

CHEZ MM. CHAUMAS-GAYET, LAWALLE ET FERRET, LIBRAIRES.

1852.

Bordeaux, Imprimerie Gounouilhou, rue Sainte-Catherine, 139.

DU BOUDDHISME

ET DE SON ACTION CIVILISATRICE EN ORIENT.

—

ÉTUDE HISTORIQUE.

—

Notre intention ne saurait être, on le comprend
bien, d'exposer complétement en quelques pages les
dogmes et les pratiques d'une des plus grandes religions qui aient paru et qui existent aujourd'hui dans
le monde. L'histoire du Bouddhisme est encore à faire ;
mais chaque jour de patients explorateurs en prépa-
rent les immenses matériaux. Notre but, dans cette
rapide étude, est surtout de donner en peu de mots
une idée de la doctrine dont Bouddha a été le fondateur, et de résumer succinctement les recherches dont
elle a été l'objet dans quelques travaux contemporains.
Quant à l'appréciation des faits acquis, nous la ferons
aussi complète que possible, en nous plaçant, bien entendu, au point de vue de nos opinions, de nos con-
victions personnelles. A notre avis, les restrictions et
les formules hypocrites portent une égale atteinte à la
dignité de l'écrivain et à la dignité de l'histoire. Nous
devons à nos lecteurs tout ce que nous savons, ou du
moins tout ce que nous croyons savoir de vérités.

1

I.

Les livres et la prédication du Bouddhisme.

Bouddha, dont les prédications firent une révolution immense dans une grande partie de l'Asie, vivait, selon M. Abel Rémusat, mille ans environ avant Jésus-Christ.

M. E. Burnouf donne les détails suivants sur les livres sacrés du Bouddhisme, et sur le caractère qui distingue l'enseignement de son fondateur :

« Lorsque vers le cinquième siècle de notre ère, — dit-il, — les brâhmanes reconquirent dans l'Inde l'ascendant que leur disputaient les bouddhistes, depuis près de dix siècles, une violente persécution força ces derniers de se retirer au Nord, dans le Népâl et dans le Thibet. Cachés dans les vallées de l'Himmâlaya, ils y gardèrent le dépôt de leurs livres sacrés, qui de là furent portés chez les tribus de l'Asie centrale, et y propagèrent leur croyance. Au zèle du prosélytisme qui répandait les livres, s'associa le respect du passé, qui les conservait sans altération; et quand ces livres parurent en Europe, on vit avec étonnement ceux que nous apportaient les Mongols et les Chinois parler le même langage que ceux qu'on venait d'exhumer des monastères du Népâl. Ces grands voyages à travers l'Asie, ce séjour prolongé chez tant de peuples et de tribus diverses, n'avaient rien changé au fonds ni à la forme de la doctrine : dogme, métaphysique, morale et discipline, tout était resté parfaitement indien. Un fait unique avait eu lieu : une littérature tout entière avait été traduite en plus de six langues différentes [1]. »

« Cette littérature, — ajoute M. Burnouf, — est aujourd'hui entre nos mains, et nous pouvons l'étudier sous ses traits primitifs et dans sa langue originale. Les ouvrages qui y occupent la première place sont les discours et les enseignements de Bouddha. Rédigés, en général, dans un langage très-simple, ces traités portent la trace visible de leur origine. Ce sont des dialogues relatifs à la morale et à la métaphysique, où le Bouddha remplit le rôle de maître. Loin de présenter sa pensée sous cette forme concise, familière à l'enseignement brâhmanique, il la développe avec des répétitions et une diffusion, fatigantes sans doute, mais qui donnent à son enseignement le caractère d'une véritable prédication. Il y a un abîme entre cette méthode et celle des brâhmanes. Au lieu d'un enseignement mystérieux, confié presque en secret à un petit nombre d'adeptes ; au lieu de ces formules dont l'obscurité étudiée semble aussi bien faite pour décourager la pénétration du disciple que pour l'exercer, les discours de Bouddha nous montrent autour de lui un nombreux auditoire, et, dans son langage, ce besoin de se faire comprendre, qui a des paroles pour toutes les intelligences, et qui, par ses perpétuelles répétitions, ne laisse aucune excuse aux esprits les moins attentifs, aux mémoires les plus rebelles. Cette diffé-

---

[1] E. Burnouf. *Considérations sur l'Origine du Bouddhisme.*

rence profonde est dans l'essence même du Bouddhisme, doctrine dont le prosélytisme est le trait distinctif; mais le prosélytisme lui même n'est qu'un effet de
ce sentiment de bienveillance et de charité universelle qui anime le Bouddha, et qui est à la fois la cause
et le but de la mission qu'il se donne sur la terre [1]. »

Trois faits nous frappent ici et sont dignes de toute
notre attention : le respect dont les livres sacrés du
Bouddhisme ont été l'objet, respect qui les a préservés de toute altération; l'ardeur de prosélytisme qui
distingue cette doctrine et qui se révèle dans la forme
essentiellement populaire de son enseignement; enfin,
les persécutions qui la poursuivent dès sa naissance
et s'efforcent de l'étouffer à tout prix.

Nous venons de voir les livres bouddhistes traduits
en plusieurs langues; après avoir voyagé au travers
d'une foule de peuplades plus ou moins barbares, ils
sont retrouvés intacts, respectés, tels qu'ils étaient
sortis en un mot des mains de leurs auteurs. M. E.
Burnouf a raison de dire que ce fait est unique dans
l'histoire.

Les livres sacrés de plusieurs autres religions, ceux
du Christianisme, par exemple, n'ont pas joui de ce
singulier privilége. Au troisième siècle de notre ère,
Celse s'attaque vivement aux Évangiles et leur reproche de nombreuses contradictions. Que lui répond le
savant Origène, qui défend la doctrine de Jésus? Nie-
t-il ces contradictions sur lesquelles Celse appuie sa

[1] E. Burnouf, dans le travail déjà cité.

controverse? Non; il ne songe pas même à le faire; seulement, il s'efforce de les expliquer en les attribuant aux vicissitudes subies par les livres saints, à ceux qui ont mêlé de fausses doctrines aux divins enseignements de Jésus. Au quatrième siècle, saint Jérôme est obligé d'avouer que les divers évangiles en circulation sont remplis de changements, d'altérations, d'additions sans nombre; il lance à ce sujet la malice ou l'ignorance des copistes et des traducteurs. Il paraît même que certains chrétiens avaient réuni tous les évangiles en un seul, tandis que d'autres écrivaient sur les exemplaires leur appartenant tout ce dont leur opinion personnelle et leur esprit de parti pouvaient se prévaloir. Enfin, au commencement du sixième siècle, un empereur grec, Anastase, est obligé de faire réviser et corriger sévèrement ces évangiles, qui avaient été déjà, qui devaient être encore révisés et corrigés tant de fois. Il paraît, d'ailleurs, qu'ils avaient grand besoin d'être revus et amendés lorsque l'empereur Anastase chargea quelques savants de cette tâche si délicate; car, dit l'évêque saint Victor, dans l'état où ils étaient alors, ils semblaient avoir été composés et rédigés par des évangélistes idiots. Le mot est dur; mais c'est un saint évêque qui parle ainsi.

Après ce profond respect que les livres bouddhistes ont inspiré et qui les a préservés de toute altération, il est une chose qui frappe : c'est la rapidité avec laquelle les doctrines qu'ils enseignent se sont répandues, ont rayonné à des distances infinies, attirant à elles les intelligences les plus rebelles, les esprits les plus étroits et les moins cultivés. Toutefois, en y regardant de près, on s'explique ce rayonnement sympathique, cette attraction toute puissante qu'exercèrent sur les masses, et dès leur apparition, les dogmes religieux, les préceptes moraux de Bouddha.

En effet, comme le législateur des chrétiens, Bouddha sait faire descendre les vérités les plus hautes au niveau des plus humbles intelligences. Il appelle à lui les pauvres, les esclaves, les opprimés de ce monde, toutes les existences déclassées que la société officielle rejetait impitoyablement de son sein ; et lorsqu'on s'étonne de le voir s'arrêter au milieu des souffrances et des misères auxquelles la caste privilégiée des brâhmanes refusait tout moyen de salut, il répond par ces admirables paroles : *Ma loi est une loi de grâce pour tous.* Puis, avec une infatigable sollicitude, il se met à instruire le peuple, à l'éclairer par des discours où éclate cette onctueuse simplicité de langage, qui est comme la marque des cœurs aimants. — Nous verrons tout à l'heure qu'il était impossible qu'une pareille doctrine, prêchée avec une incomparable effusion de charité, ne fît pas les progrès les plus rapides.

Nous trouvons dans un livre religieux des bouddhistes, découvert au Népâl, et intitulé : *Le Lotus blanc de la bonne loi,* un très-curieux fragment, qui, sous une forme pittoresque, donne une idée de l'enseignement de Bouddha. — C'est le maître lui-même qui parle ou qu'on fait parler dans les lignes que nous allons transcrire, en nous servant de la traduction de M. Eugène Burnouf :

« Moi qui suis le roi de la loi, moi qui suis né dans le monde et qui dompte l'existence, j'expose la loi aux créatures, après avoir reconnu leurs inclinations.

» Je proportionne mon langage au sujet et aux forces de chacun; et je redresse une doctrine par une explication contraire.

» C'est comme si un nuage, s'élevant au-dessus de l'univers, le couvrait dans sa totalité, en cachant toute la terre.

» Rempli d'eau, entouré d'une guirlande d'éclairs, ce grand nuage, qui retentit du bruit de la foudre, répand la joie chez toutes les créatures.

» Arrêtant les rayons du soleil, rafraîchissant la sphère du monde, descendant assez près de terre pour qu'on le touche de la main, il laisse tomber ses eaux de toutes parts.

» C'est ainsi que, répandant d'une manière uniforme une masse immense d'eau, et resplendissant des éclairs qui s'échappent de ses flancs, il réjouit la terre.

» Et les plantes médicinales qui ont poussé à la surface de cette terre, les herbes, les buissons, les rois des forêts, les arbres et les grands arbres;

» Les diverses semences et tout ce qui forme la verdure; tous les végétaux qui se trouvent dans les montagnes, dans les cavernes et dans les bosquets;

» Les herbes, en un mot, les buissons et les arbres, ce nuage les remplit de joie; il répand la joie sur la terre altérée, et il humecte les herbes médicinales.

» Or, cette eau tout homogène qu'a répandue le nuage, les herbes et les buissons la pompent chacun selon sa force et selon son objet.

» Et les diverses espèces d'arbres, ainsi que les grands arbres, les petits et les moyens, tous boivent cette eau, chacun selon son âge et sa force; ils la boivent et croissent chacun selon le besoin qu'il en a.

» Pompant l'eau du nuage par leur tronc, par leur tige, par leur écorce, par leurs branches, par leurs rameaux, par leurs feuilles, les grandes plantes médicinales poussent des fleurs et des fruits.

» Chacune selon sa force, suivant sa destination, et conformément à la nature du germe d'où elle sort, produit un fruit distinct; et cependant c'est une eau homogène que celle qui est tombée du nuage.

» De même le Bouddha vient au monde, semblable au nuage qui couvre l'univers; et à peine le chef du monde est-il né, qu'il parle et qu'il enseigne aux créatures la véritable doctrine.

» Je suis l'être sans supérieur, qui est né ici, dans le monde, pour le sauver.

» C'est avec une seule et même voix que j'expose la loi....; car cette loi est uniforme; l'inégalité n'y trouve pas place, non plus que l'affection ou la haine.

» Convertissez-vous; jamais il n'y a en moi ni préférence, ni aversion pour qui que ce soit; c'est la même loi que j'expose pour les êtres, la même pour l'un comme pour l'autre.

» Exclusivement occupé de cette œuvre, j'expose la loi; soit que je marche, que je reste debout, que je sois couché sur mon lit ou assis sur un siége, jamais je n'éprouve de fatigue.

» Je remplis de joie tout l'univers, semblable à un nuage qui verse partout une eau homogène, toujours également bien disposé pour les hommes respectables comme pour les hommes les plus bas, pour les hommes vertueux comme pour les méchants;

» Pour les hommes perdus comme pour ceux qui ont une conduite régulière; pour ceux qui suivent des doctrines hétérodoxes et de fausses opinions, comme pour ceux dont les opinions et les doctrines sont saines et parfaites.

» Enfin, j'expose la loi aux petits comme aux intelligences supérieures, et à ceux dont les organes ont une puissance surnaturelle; inaccessible à la fatigue, je répands partout d'une manière convenable la pluie de la loi [1]. »

On le voit, la doctrine qu'enseignait Bouddha, la loi nouvelle qu'il prêchait au monde, s'adressaient à tous les hommes indistinctement; aux méchants pour les convertir, pour les rendre bons; aux bons pour les rendre meilleurs. Il ne repoussait, il ne rejetait personne; il avait des paroles de miséricorde et de consolation pour tous. Il compare lui-même son enseignement à un immense nuage dont la pluie bienfaisante se répand en tout lieu. Ce n'est pas seulement le chêne géant dont les vastes rameaux sont vivifiés et rafraîchis par la céleste ondée; l'imperceptible brin

---

[1] Extrait du *Lotus blanc de la bonne loi*, traduction de M. E. Burnouf.

d'herbe qui s'élève à peine au-dessus du sol, le germe invisible qui se développe mystérieusement dans les flancs de la terre, reçoivent aussi leur goutte d'eau.

Ce fragment des prédications de Bouddha nous montre encore avec quel soin, quelle sollicitude vraiment paternelle le réformateur indien s'efforce de faire comprendre sa doctrine, — cette doctrine de grâce et de salut qui s'adresse à tous. Aucun détail ne lui semble inutile, aucune répétition ne lui coûte. Parmi ceux qui se pressent autour de lui, il y a, sans doute, des intelligences heureusement douées, des esprits pénétrants auxquels il suffit de montrer la vérité pour qu'ils la saisissent. Mais, il y a aussi, et en bien plus grand nombre, des êtres dont l'ignorance est profonde; pour ces derniers, il faut être diffus et prodiguer les explications, les commentaires, les développements. Ce n'est pas du premier coup que la vérité pénètre leurs âmes; pour qu'ils saisissent un rayon au passage, il est nécessaire que des flots de lumière leur arrivent de toutes parts.

Bouddha s'entourait de parias, de malheureux, que le régime des castes retenait fatalement sous le joug de l'oppression la plus abrutissante. Loin de s'adresser de préférence aux grands de la terre, qui l'eussent impitoyablement repoussé, c'est aux petits, c'est aux souffrants, à ceux qui avaient quelque chose à demander, qu'il annonçait surtout sa doctrine. Le but qu'il poursuivait était évident : c'était la diffusion de la lumière morale jusque dans ces profondeurs de la société, où l'on rencontre tant de créatures humaines

qui vivent comme des animaux, sans avoir la conscience bien nette de leurs droits et de leurs devoirs;
sans apercevoir autour d'elles d'autre horizon que celui d'une étroite et desséchante réalité. La conséquence
logique de ce grand précepte de charité, de fraternité
universelle, prêché dans l'Inde par Bouddha, près de
mille ans avant d'avoir été prêché dans la Judée par
Jésus, c'était l'accession progressive des classes les
plus nombreuses et les plus déshéritées, à cette vie de
l'âme, à cette existence intellectuelle qui jette seulement sur elles, de temps à autre, quelques rares et
fugitives lueurs.

Bouddha forçait donc les portes de ces impénétrables
sanctuaires où une caste jalouse entassait toutes sortes
de voiles et de nuages autour de quelques pures et
consolantes vérités. Il voulait que ces vérités fussent
le patrimoine de tous, et non plus seulement un privilége accordé à quelques-uns; qu'au lieu de les étouffer ou de les endormir sous la pression d'un brutal
despotisme, on cherchât à les développer, à les faire
épanouir dans tous les cœurs, où elles ont de secrè-
tes, mais indestructibles racines. L'égoïsme, l'ignorance et la misère avaient immobilisé, pétrifié les masses; le dogme de la charité universelle était la verge
magique qui devait, en les frappant, en faire jaillir de
limpides eaux.

Pour arriver au souverain bien et au suprême bon-
heur; pour s'affranchir de la loi de la transmigration,
c'est-à-dire pour qu'au sortir de ce monde l'âme fût im-
médiatement réunie au grand Être, sans passer par les
épreuves d'une nouvelle série d'existences, il fallait,

II.

Diffusion de la doctrine de Bouddha; — son caractère distinctif.

Si nous ne savons pas au juste quelle était la véritable condition de Bouddha; si nous ne pouvons pas
dire en quel siècle il est né; s'il nous est aussi impossible de débrouiller les nombreuses légendes dont il est
le héros que de voir parfaitement clair dans les mysti-
ques profondeurs de ses dogmes, la science a du moins
acquis, touchant sa doctrine morale, des données aussi
positives que fécondes. Nous savons que plusieurs siècles avant le Christianisme il a prêché l'égalité, la fraternité, la charité, dans ses plus ardentes effusions;
qu'il a brisé les barrières des castes; que son enseignement s'adressait aux masses, et revêtait, pour leur être
plus sympathique, un caractère plein d'onction, d'admirable simplicité. Nous savons enfin que la doctrine
de Bouddha ne tarda pas à devenir populaire, et nous
allons voir bientôt qu'elle a été un des plus énergiques
éléments de civilisation dont l'histoire ait enregistré
les conquêtes.

C'est là le côté vraiment important d'une religion
quelconque. Plaçons-nous en face de toute doctrine phi-
losophique ou religieuse, et demandons-lui ce qu'elle
a fait pour les hommes au milieu desquels on l'a enseignée. Les a-t-elle éclairés? les a-t-elle rendu meilleurs? s'est-elle adressée à tous ou à quelques-uns seulement? sous son influence, la société a-t-elle fait

quelque pas décisif dans cette grande voie du progrès, où tant d'obstacles, de préjugés et de ténèbres s'opposent à sa marche? Voilà ce qu'il importe de savoir, et voilà ce que nous avons le droit de demander au Bouddhisme. Quant aux subtilités de la théologie et de la métaphysique, nous ne croyons pas qu'elles soient de nature à élucider une question d'histoire aussi capitale que celle dont nous nous occupons ici.

Nous venons de considérer :

Le caractère de la littérature que le Bouddhisme a inspirée;

Le respect dont ses livres sacrés ont été constamment l'objet; respect qui, nous avons dû insister sur ce point, les a préservés de toute altération, au milieu des vissicitudes qu'ils ont essuyées en tant de lieux;

Enfin, l'ardeur de prosélytisme qui distingue cette doctrine, et se révèle, ainsi que nous l'avons montré en citant un curieux fragment d'un livre bouddhiste, dans la forme essentiellement populaire et sympathique de son enseignement.

Maintenant, nous abordons d'autres questions qui sont de la plus haute importance, et sur lesquelles nous croyons devoir nous arrêter avec soin.

Quelle a été la diffusion du Bouddhisme? Dans quelles contrées s'est-il surtout fixé? Quelles sont les causes qui peuvent avoir favorisé son développement? Quels sont les obstacles qu'on lui a opposés, et quelle a été enfin son influence sur la marche de la civilisation en Orient? Chacun de ces points est digne d'un sérieux examen.

Dans sa *Notice sur un voyage dans la Tartarie, dans l'Afghanistan et dans l'Inde, exécuté à la fin du quatrième siècle de notre ère, par plusieurs Samanéens de la Chine*, M. Abel Résumat s'exprime ainsi :

« L'histoire atteste qu'on n'a guère reculé dans la carrière du perfectionnement religieux. Le Samanéisme, ou la religion de Bouddha, offre une preuve de cette vérité. Les nations qui l'ont embrassée n'avaient rien de mieux à faire. Cette doctrine a policé les nomades du Nord, donné une littérature aux pâtres du Thibet; exercé, aiguisé l'esprit scolastique et pointilleux des Indiens et des Chinois Il y a des pays d'Asie qui lui doivent toute leur culture intellectuelle, depuis l'alphabet jusqu'à la métaphysique. Aussi son histoire, qu'on recherche maintenant avec beaucoup de curiosité, est-elle en même temps celle de la marche de l'esprit humain dans de vastes régions où l'on n'aurait jamais senti le besoin d'avoir des lettres, si l'on n'avait eu à transcrire du sanscrit ou du chinois, d'innombrables volumes de théologie, et plus de fables et de légendes que jamais Rome, la Grèce et l'Égypte n'en purent enfanter.....

» S'il est intéressant d'étudier les fastes de cette religion célèbre, à cause de l'influence qu'elle a exercée sur l'état social en Asie, il n'est pas moins utile de marquer son itinéraire, et, s'il est permis de parler ainsi, d'en tracer le tableau géographique. Il est né dans le nord de l'Inde il y a deux mille huit cents ans; de là, il s'est répandu dans toutes les directions, a été successivement adopté dans la Perse orientale, dans la

Tartarie, à Ceylan, à la Chine, au Thibet, chez les Mongols. Plusieurs nations l'ont reçu chez elles par l'entremise de zélés missionnaires, qui traversaient les déserts dans la vue de répandre au loin leurs croyances. D'autres l'ont envoyé chercher par de pieux pèlerins, en des contrées où on le savait depuis longtemps en honneur. Si l'on avait des relations de ces divers voyages, on posséderait d'utiles renseignements sur de vastes pays très-peu connus; on apprendrait des noms de villes et de peuplades; on saurait quelque chose de la division politique des États de la Haute-Asie à des époques anciennes, et de leur situation sociale. On se formerait enfin une juste idée des rapports qui liaient les uns aux autres des peuples éloignés; et ce dernier point surtout a de l'importance; car on est chez nous enclin à supposer que les nations que nous ne connaissons pas ne se connaissaient pas entre elles, qu'elles ont tout ignoré durant le long espace de temps où nous avons nous-mêmes ignoré leur existence. Nous n'apprenons jamais sans étonnement que des Orientaux aient pu nous précéder en quelque chose, et qu'ils aient, par exemple, su faire le tour de l'Asie longtemps avant que nous eussions doublé le cap de Bonne-Espérance. »

Voici, d'après M. J.-J. Ampère, l'itinéraire suivi par la propagande bouddhiste. Nous nous servons ici des propres expressions de cet écrivain :

« Le Bouddhisme est né dans le centre de l'Inde, dans la province appelée autrefois Magadah, maintenant Béhar. Persécuté par les brâhmanes, il se réfu-

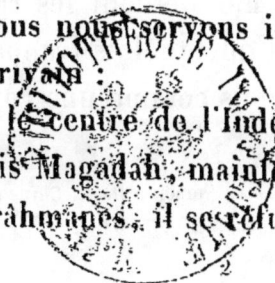

gia à Ceylan, qui devint son sanctuaire. (Sixième siècle avant J.-C.)

» Il a passé de Ceylan (en 553) dans l'Inde ulté-
rieure, chez les Birmans, dans le Pégu, à Siam, en
même temps qu'il pénétrait aussi à Java.

« Ainsi, la religion persécutée allait s'étendant au
sud et à l'orient de son berceau; elle ne tarda pas à
se répandre dans un pays immense où elle est devenue
la foi du plus grand nombre, en Chine. Près de quatre siècles avant J.-C. quelques livres bouddhistes y
avaient pénétré, et avaient été traduits en chinois.
Mais ce ne fut qu'à la fin du cinquième siècle de notre ère, que le vingt-huitième patriarche bouddhiste,
Bodhi-Dharma, transporta de l'Inde avec lui le centre
de la religion dont il était le chef dans l'empire du
milieu. Cette époque coïncide avec la grande persécution du Bouddhisme dans l'Inde.

» Le Bouddhisme s'empara de presque toute la
Haute-Asie. Il s'étendit à l'est, sur la Chine; au nord,
sur le Thibet, et à l'ouest, sur la Perse; enfin, chez
les diverses nations tartares [1]. »

Les rapides progrès du Bouddhisme dans l'Inde et
dans la Chine s'expliquent aisément. Pour le premier
de ces deux grands pays, il était une doctrine de salut
et de régénération complète; il apportait au second
une morale dont les rapports avec celle de Confucius
sont quelquefois frappants. Il se présentait donc aux
Chinois comme une continuation, comme un dévelop-

[1] J.-J. Ampère. *De la Chine et des travaux d'Abel Rémusat.*

pement de la doctrine enseignée par le plus célèbre de leurs philosophes.

Il faut bien se pénétrer de la constitution sociale des Indiens. Il n'est pas de pays où les inégalités soient plus choquantes, plus scandaleuses; où quelques hommes, investis d'odieux priviléges, se soient plus effrontément arrogé le droit d'exploiter les masses, de les tenir systématiquement plongées dans la misère et dans l'abjection. Tout ce que l'on peut imaginer de douleurs et d'iniquités se rencontre dans l'histoire, fort peu connue du reste, de ces populations innombrables, sur lesquelles la théocratie a fait peser de si bonne heure son joug de fer. On y aperçoit une caste de prêtres, avide de richesses et d'honneurs, insatiable dans son ambition et dans son appétit des biens terrestres, qui considère le peuple comme un troupeau dont elle absorbe impunément toute la substance, et dont elle se réserve l'éternelle propriété.

Rien de plus incontestable que ce fait; il est écrit à chaque page dans les ouvrages historiques, philosophiques et religieux de l'Inde. Il est un livre célèbre, qu'on appelle les *Lois de Manou;* c'est un code de lois révélées, s'appliquant à toutes les classes, à toutes les conditions sociales. Eh bien! voici ce qu'on y rencontre entre autres dispositions d'une révoltante immoralité. Nous nous servons ici de la traduction de Loiseleur Deslongchamps.

L'écrivain sacré nous raconte que le souverain Maître créa d'abord de sa bouche les *bráhmanes* ou prêtres; de son bras, les *kchatriyas* ou guerriers; de sa cuisse, les *vaisyas* ou commerçants; enfin, de son pied, les *soudras* ou prolétaires. Il ajoute ceci :

« Pour la conservation de cette création entière, l'Être souverainement glorieux assigna des occupations différentes à ceux qu'il avait produits de sa bouche, de son bras, de sa cuisse et de son pied.

» Il donna en partage, aux brâhmanes, l'étude et l'enseignement des védas, l'accomplissement du sacrifice, la direction des sacrifices offerts par d'autres, le droit de donner et celui de recevoir.

» Il imposa pour devoir au kchatrya, de protéger le peuple, d'exercer la charité, de sacrifier, de lire les livres sacrés, et de ne pas s'abandonner aux plaisirs des sens.

» Soigner les bestiaux, donner l'aumône, sacrifier, étudier les livres saints, faire commerce, prêter à intérêt, labourer la terre, sont les fonctions allouées au vaisya.

» Mais le souverain Maître n'assigna au soudra qu'un seul office, celui de servir les classes précédentes, sans déprécier leur mérite. »

Ainsi, la plus grande partie du peuple est condamnée, sans aucune espèce de compensation, à la servitude la plus abrutissante et la plus complète. Il ne lui est pas permis de chercher à se rendre la divinité favorable par les modestes sacrifices qu'elle pourrait lui offrir; d'étudier les livres saints; de faire le commerce; de soigner les bestiaux qui lui donneraient leur laine, leur lait et leur chair; de labourer, d'ensemencer le morceau de terre d'où elle pourrait tirer sa nourriture de tous les jours. Non; et le législateur inspiré ne laisse aucun doute à cet égard :

« Un soudra, — dit-il, — acheté ou non acheté, doit remplir des fonctions serviles; car il a été créé pour le service des brâhmanes par l'Être existant par lui-même.

» Un soudra, bien qu'affranchi par son maître, n'est pas délivré de l'état de servitude; car, cet état lui étant naturel, qui pourrait l'en exempter? »

Pour le brâhmane ou prêtre, voici en quels termes en parle le législateur :

« Par son origine, qu'il tire du membre le plus noble, parce qu'il est né le premier, parce qu'il possède les saintes écritures, le brâhmane est de droit le seigneur de toute cette création..... L'intelligence gouverne dans la personne du brâhmane..... Tout ce que le monde renferme est en quelque sorte la propriété du brâhmane; par sa primogéniture et par sa naissance éminente, il a droit à tout ce qui existe.... Un brâhmane parvenu au terme des écritures sacrées est le roi de cet univers..... Instruit ou ignorant, un brâhmane est une puissante divinité..... Le brâhmane est le seigneur de toutes les classes. »

Le législateur met ainsi le prêtre au-dessus de tout; mais comme il comprend que la puissance sacerdotale ne pourrait pas arriver à ses fins, c'est-à-dire à la domination absolue, sans le secours de la puissance militaire, il demande formellement l'union des brâhmanes et des guerriers :

« Les brâhmanes, — dit-il, — sont déclarés la base,

et les kchatryas le sommet du système des lois .... Les kchatryas ne peuvent pas prospérer sans les brâhmanes; les brâhmanes ne peuvent pas s'élever sans les kchatryas. En s'unissant, la classe sacerdotale et la classe militaire s'élèvent dans ce monde et dans l'autre. »

Mais dans cette union entre les deux castes, si fortement recommandée par les *Lois de Manou*, c'est, bien entendu, le prêtre qui a la suprématie et la haute-main. Il possède la société tout entière, depuis la base jusqu'au sommet, depuis le soudra, dont il a fait son esclave, jusqu'au roi, dont il fait l'instrument aveugle de ses volontés. La puissance militaire est complétement à son service; il la domine et la dirige, tout comme l'Église catholique dominait et dirigeait au moyen âge le bras séculier. On se rappelle ces très-curieuses paroles du pape Boniface VIII :

« L'Église est une; mais elle a deux glaives, l'un spirituel, l'autre temporel. Le premier est tenu par l'Église et par la main des prêtres; le second pour l'Église et par la main des rois, mais selon la volonté du pontife [1]. »

Eh bien! ces idées, ces prétentions que plusieurs papes ont formulées avec une singulière hauteur de langage, étaient celles des brâhmanes. Ceux-ci tenaient également compte de la puissance séculière, mais à la condition qu'elle fût partout et toujours à leur service. Il fallait qu'elle leur obéît aveuglément; qu'elle

---

[1] *Preuves du différend de Boniface VIII et de Philippe-le-Bel*, p. 54.

frappât sans hésitation ceux qu'ils lui ordonneraient de frapper. Le guerrier tenait le glaive dans sa main; mais c'était le prêtre qui dirigeait la main et le bras, par conséquent le glaive. Tout subissait le pouvoir despotique exercé par la caste privilégiée; tout s'inclinait avec effroi devant elle; et de peur qu'en exerçant son intelligence le peuple ne finît par connaître, par revendiquer hautement ses droits, elle chercha à éteindre toute lumière sous le boisseau; elle condamna ce peuple à végéter dans l'abrutissement de la misère et de l'ignorance, lui défendant même comme un crime la lecture des *Védas* ou livres sacrés.

Le Brâhmanisme s'enveloppait donc de mystères et de ténèbres. Il enseignait ses dogmes non pas aux pauvres, aux souffrants, aux déshérités, mais bien aux heureux de ce monde; il ne voulait pas qu'un seul rayon de vérité brillât dans la sombre nuit de l'esclave; qu'une seule miette du pain de vie tombât dans la bouche des masses affamées. Par les formules d'une obscurité étudiée qu'il affectait d'employer, il avait rendu son symbole inaccessible à l'intelligence du peuple, dont il s'efforçait de comprimer tous les ressorts et d'étouffer tous les élans. Il se servait de la science non pas comme d'un instrument de civilisation et de progrès, mais comme d'un moyen à l'aide duquel il pouvait consolider le despotisme de quelques privilégiés, en perpétuant l'esclavage du plus grand nombre.

C'est dans cette société, dont le Brâhmanisme avait fait un véritable enfer pour le peuple, que Bouddha vint enseigner sa doctrine; s'adressant particulière-

ment aux pauvres; instruisant avec une tendre sollicitude l'esclave et le paria; mettant, à force d'onction,
de charité et d'ingénieuses paraboles, son enseignement à la portée de tous. Ainsi que nous l'avons dit
au commencement de cette étude, il se plaça au sein
de la foule; il lui parla un langage qu'elle devait faci-
lement comprendre; il répandit à pleines mains sur
elle tout ce qu'il put réunir de consolations et de vérités. Le Brâhmanisme enveloppait le sanctuaire d'impénétrables voiles. Bouddha, au contraire, déchirait
ces voiles et ouvrait à deux battants la porte du sanctuaire, afin que tout ce qu'il y avait de rayons se ré-
pandît sur la foule des humbles, des souffrants et des
affamés.

Le Bouddhisme n'a pas seulement prêché; il a de
plus réalisé l'égalité parmi les nations du Thibet, de
l'Ava et de Siam. Chez les Singhalais, — comme le re-
marque M. E. Burnouf, — « il a aboli l'hérédité du
sacerdoce, et le monopole des choses religieuses est
sorti des mains d'une caste privilégiée. Le corps chargé
d'enseigner la loi ne s'est plus recruté par la naissance;
il a été remplacé par une assemblée de religieux, voués
au célibat, qui sortent indistinctement de toutes les
classes, de tous les rangs de la société. Le religieux
bouddhiste, enfin, tient tout de l'enseignement; il a
remplacé le brâhmane, qui ne devait rien qu'à la naissance, et dont la caste égoïste, privilégiée, se réser-
vait le monopole exclusif de la science et de la religion [1]. »

_____

[1] _Considérations sur l'origine du Bouddhisme._

M. J.-J. Ampère n'est pas moins explicite dans les quelques pages de sa savante Notice sur M. Abel Rémusat, consacrées au Bouddhisme :

« Cette religion, — dit-il, — a proclamé la première l'égalité des hommes devant Dieu. Née dans l'Inde, pays de caste et d'exclusion, elle a foulé aux pieds la distinction des castes, elle a dit que tous les peuples étaient appelés. Persécuté par les brâhmes, le Bouddhisme a eu la gloire du martyre; il a scellé sa foi à l'humanité de son sang. A peine est-il une vertu chrétienne qu'il n'ait prêchée : le détachement des sens, l'humilité, la mortification, la charité. Sa morale a des accents tendres et pénétrants, où l'on croit reconnaître la douceur de la parole évangélique [1]. »

M. Ampère dit encore dans cette même Notice :

« La troisième religion de la Chine, celle qui dans le pays compte le plus grand nombre de croyants, est une religion étrangère, la religion de Bouddha, née dans l'Inde, dont on savait à peine le nom en Europe il y a un demi-siècle, qui compte près de trois mille ans d'antiquité, près de trois cent millions de sectateurs, et ne le cède peut-être qu'au Christianisme pour la pureté de sa morale et l'étendue de son action bienfaisante sur la civilisation du genre humain [2]. »

Nous trouvons dans le *Voyage autour du monde*, publié sous la direction de Dumont-d'Urville, l'appréciation suivante de la morale enseignée par les disciples de Bouddha :

---

[1] *De la Chine et des travaux d'Abel Rémusat*, § VI.

[2] *De la Chine et des travaux d'Abel Rémusat*, § V.

« La morale du Bouddhisme est pure, simple et
pratique. On enseigne au peuple de faire l'aumône,
de méditer sur l'instabilité des fortunes humaines, de
vivre d'une manière profitable aux autres et à soi,
d'aimer son prochain comme soi-même. Les prédications bouddhistes ne sont que le développement de ces
maximes [1]. »

En considérant le caractère de cette doctrine à laquelle nous devons, d'après un écrivain catholique,
« une grande révolution à la fois religieuse et politique, une des plus importantes qui aient sillonné le
globe et qui y aient laissé les traces les plus profon-
des [2] » nous sommes frappé des vérités qu'elle enseignait, il y a déjà trois mille ans, à la foule esclave,
abrutie à force d'ignorance et de misère.

Pour les bouddhistes, la raison est souveraine; et
la raison n'acceptant ni les castes, ni les priviléges
dont certains individus s'investissent, dans le seul but
d'exploiter leurs semblables, proclame hautement la
démocratie politique et religieuse, sans entraves et
sans limites, la fraternité universelle, l'égalité absolue
de tous les hommes devant Dieu. Là où d'absurdes,
de révoltantes distinctions sociales, uniquement basées
sur les hasards de la naissance ou de la fortune, ont
décrété l'anarchie et la guerre en créant des classes
nécessairement ennemies, des oppresseurs et des opprimés, des privilégiés possesseurs de la richesse et du

[1] Tome Ier, ch. XIII, p. 90, 91.
[2] M. l'abbé Bourgeat.

pouvoir, de la lumière comme de l'espace, et des parias fatalement condamnés à la servitude et à la honte, le Bouddhisme, réalisant un progrès d'une incalculable portée, prêche, dans un langage éminemment populaire, une religion de mansuétude et d'amour, une doctrine de liberté et d'égalité dont la conséquence devait être une prochaine transformation sociale. En même temps qu'il purifie les autels souillés, en proscrivant les sacrifices humains, en interdisant tout holocauste sanglant, il fait du sacerdoce, privilége héréditaire d'une caste ambitieuse et toute puissante, une carrière ouverte au mérite, à la vocation personnelle de quiconque s'y sent appelé. Il va chercher le paria jusque dans sa fange, pour l'instruire, pour le moraliser, pour en faire le prêtre du dieu nouveau. Dans l'échelle sociale, œuvre de l'égoïsme et de l'impiété, il n'y a pas un degré si bas qu'il ne puisse y verser un de ses rayons, y tendre la main à quelque infortune, y prêcher ce grand dogme de l'égalité, qui devrait être la vérité la plus élémentaire, comme elle est la plus lumineuse, la plus incontestable, la plus divine de toutes.

Tel est le caractère distinctif du Bouddhisme; et ce caractère personne ne le lui conteste; on le lui reconnaît dans des ouvrages écrits à des points de vue tout à fait différents, par des hommes appartenant à des opinions diamétralement opposées [1].

---

[1] Voir, sur le Bouddhisme, entre autres ouvrages, les *Mélanges posthumes d'histoire et de littérature orientale*, d'Abel Rémusat; l'*Introduction à l'his-*

Bouddha s'écriait au milieu de cette foule de prolétaires dont sa légende nous le montre entouré et qui le suivait partout, l'écoutant avec une sorte d'avidité religieuse, comme plus tard les prolétaires de la Judée devaient suivre et écouter Jésus :

« Les brâhmanes prétendent avoir seuls le droit de lire les *Védas*, livres sacrés, et moi je vous dis que tous doivent les lire et les interpréter suivant leur intelligence; comme les brâhmanes peuvent porter les armes, faire le commerce, cultiver la terre, si telle est leur vocation.

» Les brâhmanes vous disent : Restez à votre place; et moi je vous dis : Cherchez votre place. »

Nobles et généreuses paroles, grands et féconds préceptes qui semaient à eux seuls, dans le chaos du vieux monde asiatique, les germes d'un monde nouveau, les semences désormais indestructibles d'une émancipation religieuse, politique et sociale!

C'était la prédication évangélique déjà devinée, et même devancée par une imposante application. C'était le précepte de Jésus : « Cherchez, et vous trouverez; frappez, et il vous sera ouvert. » C'était le précepte de saint Paul : « Éprouvez tout, et approuvez ce qui est bon [1]. »

C'était, enfin, le jour de la délivrance, annoncé aux

---

toire du *Bouddhisme indien*, par E. Burnouf; le *Cours sur l'histoire de la philosophie*, par M. l'abbé Bourgeat, onzième leçon, dans l'*Université catholique*.

[1] 1re Épître aux Thessaloniciens, ch. V, v. 21.

pauvres d'esprit, aux parias, aux esclaves de la société antique, — foule éperdue et frémissante, qui ne cessait de secouer ses fers et d'interroger tous les points de l'horizon pour y épier un premier signe de salut, un premier rayon de justice et de liberté.

III.

Les conséquences du Bouddhisme par rapport à l'esclavage.

« On a beaucoup répété, — dit M. Guizot, — que l'abolition de l'esclavage dans le monde moderne était due complétement au Christianisme. Je crois que c'est trop dire. L'esclavage a subsisté longtemps au sein de la société chrétienne, sans qu'elle s'en soit fort étonnée, ni fort irritée. Il a fallu une multitude de causes, un grand développement d'autres idées, d'autres principes de civilisation pour abolir cette iniquité des iniquités [1]. »

---

[1] *Histoire de la civilisation en Europe,* 6e leçon, p. 173. Dans le même ouvrage, 1re leçon, p. 18, M. Guizot dit encore : « Le Christianisme, je ne dis pas seulement au moment de son apparition, mais dans les premiers siècles de son existence, le Christianisme ne s'est nullement adressé à l'état social; il a annoncé hautement qu'il n'y toucherait pas; il a ordonné à l'esclave d'obéir au maître; il n'a attaqué aucun des grands maux, des grandes injustices de la société d'alors. Qui niera pourtant que le Christianisme n'ait été dès lors une grande crise de la civilisation? etc., etc. »

Ainsi M. Guizot, qui signale d'ailleurs les efforts
de l'Église catholique employant son influence à res-
treindre cette hideuse plaie de l'humanité, reconnaît
en même temps que l'abolition de l'esclavage ne doit
pas être attribuée à la seule action du Christianisme,
ce qu'on a cependant soutenu, ce qu'on soutient encore dans une foule de livres. Cette assertion du savant professeur est très-juste; mais nous reconnais-
sons qu'en pareil cas une affirmation, quelle que soit
l'autorité de celui qui la formule, n'est pas suffisante.
Nous allons donc, en nous appuyant sur des faits et
sans sortir du sujet qui nous occupe, en rendre la vérité incontestable, évidente pour tous.

D'un autre côté, nous examinerons l'assertion de
ceux qui prétendent que, dans l'antiquité, aucune
voix ne s'est élevée pour attaquer l'esclavage, aucune
philosophie ne s'est rencontrée pour flétrir cette mons-
trueuse iniquité.

D'abord, quant à la prétention de ceux qui attri-
buent entièrement au Christianisme l'abolition de l'esclavage, il est facile de démontrer, l'histoire en main,
qu'elle n'a aucune espèce de fondement, qu'elle est,
au contraire, formellement repoussée par les faits.

Nul doute que dans une société où l'Évangile s'in-
carnerait complétement dans les institutions, où le
Christianisme primitif serait mis en pratique dans ses
conséquences logiques, l'esclavage ne fût considéré
comme la plus immorale des injustices et des fo-
lies, comme la plus audacieuse négation des lois di-
vines inscrites dans la conscience. Mais une pareille

société n'a pas encore été réalisée ici-bas, et l'idéal évangélique rayonne à peine pour quelques âmes généreuses et croyantes, du fond des ténèbres et à travers les nuages de l'avenir. Les premiers chrétiens ne comptaient pas d'esclaves dans leur fraternelle association, qu'ils avaient modelée, en partie, sur la communauté essénienne. Ils étaient tous libres et se considéraient comme égaux. Malheureusement, cet état d'une société qui était alors dans toute la pureté de sa foi, dans toute la ferveur de son enthousiasme, et qu'inspirait, que sanctifiait, pour ainsi dire, le souvenir encore vivant du maître, ne fut pas de longue durée. Les successeurs des apôtres ne persévérèrent pas dans la voie que ceux-ci avaient suivie. L'Église eut bientôt ses serfs, ses esclaves, à l'exemple du monde païen, dont elle avait pris à tâche de faire la conquête ; et non-seulement, comme l'observe M. Guizot, elle ne se montra ni fort étonnée, ni fort irritée, en présence de cette grande injustice, mais elle ne la fit pas cesser dans son propre sein, et la voix de ses représentants officiels s'est plus d'une fois élevée pour essayer de justifier cette confiscation de l'homme par l'homme, ce crime odieux contre lequel la raison et le cœur protestent avec une égale autorité.

Il ne faut pas oublier qu'en plein dix-septième siècle il se trouvait un chrétien, un docteur de l'Église, un évêque comme Bossuet pour plaider la cause de l'esclavage et pour écrire des paroles comme celles-ci :

« Condamner l'esclavage, ce serait entrer dans les sentiments que M. Jurieu lui-même appelle outrés,

c'est-à-dire dans les sentiments de tous ceux qui trouvent toute guerre injuste : ce serait non-seulement
condamner le droit des gens où la servitude est ad-
mise, comme il paraît par toutes les lois; mais ce serait condamner le Saint-Esprit, qui ordonne aux esclaves, par la bouche de saint Paul, de demeurer en
leur état, et n'oblige point leurs maîtres à les affranchir [1]. »

Et comme si ce n'était pas assez de ces impitoyables
paroles, Bossuet déclare hautement, dans le même
écrit, que, chez les chrétiens, *le maître fait la loi telle
qu'il veut, et l'esclave la reçoit telle qu'on veut la lui
donner....; qu'aucun bien, qu'aucun droit ne peut s'at-
tacher à lui; qu'il n'a ni voix, ni jugement, ni action,
ni force, qu'autant que son maître le permet.*

Enfin, il ne faut pas oublier que les derniers serfs
affranchis à la fin du dix-huitième siècle l'ont été grâce
aux efforts de la philosophie, surmontant l'énergique
résistance des corporations religieuses auxquelles ces
serfs appartenaient, et que la révolution de 1848 a
trouvé l'esclavage debout dans nos colonies.

Le Christianisme, tel qu'il s'est historiquement dé-
veloppé sous l'influence des causes étrangères qui ont
agi sur lui, et tout à fait en dehors des essais d'association fraternelle tentés dans les premiers temps par
quelques milliers de fidèles, n'attaquait pas directe-
ment l'esclavage, mais il le sapait, à coup sûr, d'une
manière indirecte, et voici, ce nous semble, comment.

[1] Bossuet. *Cinquième avertissement aux protestants*, § L.

La doctrine de Jésus formait, de l'aveu même de
ses plus illustres apologistes et de ses premiers historiens, la synthèse des grandes vérités éparses [1] dans

[1] « Je viens de passer en revue les opinions de presque tous les philosophes,
dont le plus beau titre de gloire est d'avoir, sous des noms divers, reconnu un
seul Dieu; d'où il résulte, pour tout homme qui pense, que les chrétiens d'aujourd'hui sont des philosophes, ou que les philosophes d'autrefois étaient des
chrétiens. » — (*Minucius Félix.* — *Octavius*, XX; édition de l'abbé de Ge-
noude, 2e série, p. 362..)

Lactance est plus explicite encore :

« Si quelqu'un, — dit-il, — avait ramassé les vérités qui sont répandues
parmi les diverses sectes des philosophes, et qu'il en eût formé un corps de doctrines, il ne se trouverait pas éloigné de notre sentiment.....

» Il est clair qu'il n'y a point de vérité ni de mystère, dans notre religion,
que les philosophes n'aient soutenus et qu'ils n'aient en quelque sorte touchés.
Mais ils n'ont pu soutenir les vérités qu'ils avaient découvertes, parce qu'ils n'en
avaient pas formé un corps, comme nous l'avons fait. » — (*Institutions di-
vines*, liv. VII, ch. VII; traduction de Drouet de Maupertuy, p. 685 de l'édition Buchon.)

D'après l'historien ecclésiastique Eusèbe : « Les liens qui réunissaient les chrétiens en corps étaient les principes éternels professés de tous temps par les hommes sages et vertueux, et que, lorsqu'on veut y lire, chacun trouve gravés au
fond de son cœur. » — (*Histoire ecclésiastique*, liv. Ier, ch. IV.)

« La chose même, — dit saint Augustin, — qu'on appelle aujourd'hui Religion chrétienne, existait chez les anciens, et n'a jamais cessé d'exister depuis
l'origine du genre humain, jusqu'à ce que Jésus—Christ lui—même, étant venu
en la chair, on a commencé à appeler chrétienne la vraie religion qui existait auparavant. » — (*Rétract.*, liv. Ier, ch. XIII, no 3.)

Il me serait facile de multiplier les citations sur le même sujet, mais je me
borne à enregistrer l'aveu suivant de Chateaubriand :

« Le Christianisme, — dit-il, — est la synthèse de l'idée religieuse; il en a
réuni les rayons.... » — (*Études historiques*, 5e Étude, IIIe Part., p. 386.)

M. de Lamennais a consacré une grande partie de son *Essai sur l'Indiffé-
rence* à recueillir toutes les croyances fondamentales de l'humanité sur Dieu et
sur l'univers. Il trouve partout, même aux époques les plus reculées, l'idée de
l'unité de Dieu et de ses attributs essentiels, les dogmes de la divinité, de la création, de l'immortalité de l'âme, des peines et des récompenses dans une vie à
venir, etc., etc..... Indiens, Chinois, Perses, Égyptiens, Grecs, Romains,

34

les divers systèmes philosophiques de l'antiquité. En
réunissant, en associant, en quelque sorte, ces idées,
ces dogmes disséminés dans les livres et dans les écoles des philosophes, elle leur donnait, par cela seul,
une force d'impulsion et d'expansion qu'ils n'avaient
pas eue jusque-là. Elle les revêtait, en outre, d'une
formule sympathique capable d'agir efficacement sur
la foule. Isolés, ils pouvaient échouer contre l'indiffé-
rence et le sommeil des cœurs; unis, ils devaient tout
vaincre ou tout ébranler.

Le Christianisme, avec son caractère à la fois syn-

---

tous les peuples connus sont interrogés par M. de Lamennais, qui rencontre dans
leurs symboles des croyances communes à tous les hommes, malgré de très-no-
tables différences dans les mœurs, dans les institutions, dans les climats. Cette
thèse a été reproduite plus récemment par M. l'abbé Combalot, dont les *Éléments
de philosophie catholique* ne sont presque toujours qu'un écho bien affaibli des
premières opinions de M. de Lamennais.

Voilà donc un aveu formel fait par des hommes très-haut placés, le premier
par son admirable talent, le second par le rang qu'il occupe dans la hiérarchie
ecclésiastique. Ils reconnaissent, ils proclament, et les principaux représentants
de l'école catholique moderne proclament avec eux, que, bien antérieurement à
Jésus, le symbole religieux et moral de l'humanité renfermait déjà *la totalité* des
grands dogmes qui devaient constituer plus tard le Christianisme. Ils trouvent dans
cet antique symbole jusqu'au péché originel, jusqu'à la transmission de la faute
qui aurait été commise par nos premiers parents, jusqu'à l'attente universelle d'un
rédempteur.

Pour expliquer ce fait, qui dérange notablement, ou plutôt qui détruit toute
l'économie de leur système, les représentants actuels de l'école catholique attri-
buent l'origine de ces croyances fondamentales et universelles à une première ré-
vélation dont l'homme aurait été l'objet de la part de son créateur, et dont la tra-
dition aurait conservé les points essentiels. On conçoit que je n'aie pas à m'oc-
cuper de cette hypothèse. Le fait qu'on s'efforce d'expliquer à son aide, — fait
qu'on accepte, qu'on proclame même, — voilà ce qu'il m'importait uniquement
ici de mettre en lumière, et de corroborer par les imposants témoignages auxquels j'ai dû faire appel. — (*Note de l'auteur.*)

thétique et populaire; avec ses prédications qui ne s'adressaient pas seulement à quelques initiés, à quelques écoles isolées, mais à la foule, mais au plus grand nombre, remuait donc les âmes à une singulière profondeur, et venait les tirer de leur léthargie pour les convier à la discussion, à l'exercice de la vie morale, au libre développement de toutes leurs facultés. C'est dire, en d'autres termes, qu'il instruisait les masses; qu'en ouvrant sans cesse à leurs regards de nouveaux et plus larges horizons, il préparait, il rendait inévitable, par leur émancipation intellectuelle, leur affranchissement social et politique.

« Les armes, — dit Chateaubriand, — délivrent ceux qui les portent [1]. » C'est très-vrai. Or, en instruisant les masses, en faisant rayonner les vérités dont il avait composé son symbole jusque dans ces épaisses ténèbres où les pauvres d'esprit sont plongés, en éveillant sur tous les points et sur toutes les questions la curiosité des âmes, inquiètes et avides de connaître, le Christianisme habituait les esclaves à réfléchir, à s'interroger eux-mêmes, à se demander si leurs chaînes étaient fatalement, nécessairement rivées à leurs membres, et s'il n'y avait aucun moyen de les secouer ou de les briser. Il les armait, pour ainsi dire, du sentiment de leur abjection imméritée, de la conscience de leurs droits méconnus, d'une sourde mais indomptable aspiration vers la liberté. Ainsi, il les mettait à même de s'affranchir progressivement, et de

---

[1] Dans la préface des *Études historiques*.

marcher à travers les siècles à la conquête lente, mais assurée, d'une pleine, d'une complète émancipation.

Le Christianisme a été une conséquence logique, un résultat nécessaire de l'évolution naturelle et progressive de l'humanité. C'est ce que nous avons essayé de démontrer dans un *Mémoire* que nous avons eu l'honneur de soumettre à l'Académie, et qui figure dans le Recueil de ses *Actes* [1]. Il est donc tout simple qu'il n'ait eu qu'à agrandir une voie déjà tracée, qu'à féconder des germes déjà semés, qu'à poursuivre avec plus d'ensemble et d'ardeur des progrès dont la réalisation avait été déjà entrevue et la conquête depuis longtemps tentée. Nous ne devons donc pas nous étonner en voyant qu'il est préparé, annoncé d'avance par tous les pressentiments et par toutes les aspirations, par toutes les tendances et par tous les efforts des peuples. Ce n'est pas seulement le Bouddhisme qui, mille ans avant Jésus, révolutionne tout l'Orient, renversant, au nom de l'égalité, qu'il proclame, d'antiques, d'odieux priviléges, et devenant le centre d'une inépuisable prédication mise à la portée de tous. Une inquiétude féconde travaille partout les intelligences, qui sont comme affamées de lumière et de vérité; un instinct mystérieux agite les masses et les soulève comme pour les pousser en avant. En s'instruisant, elles s'arment pour s'affranchir. C'est une fermentation générale. Dans les flancs du vieux monde qui s'en va,

[1] *Progrès et diffusion de la philosophie ancienne;* étude historique insérée dans le *Recueil des Actes de l'Académie*, année 1848.

on sent tressaillir les germes de vie qui travaillent au long et laborieux enfantement du monde nouveau.

Nous voyons l'instruction primaire gratuite organisée en Chine dès la plus haute antiquité, et nous pouvons enregistrer à ce sujet le témoignage très-explicite d'un écrivain chinois, Tchou-Hi :

« Après l'extinction des trois premières dynasties, — dit-il, — les institutions qu'elles avaient fondées s'étendirent graduellement. Ainsi, il arriva par la suite que, dans les palais des rois comme dans les grandes villes et même jusque dans les plus petits villages, il n'y avait aucun lieu où on ne se livrât à l'étude. Dès que les jeunes gens avaient atteint l'âge de huit ans, qu'ils fussent les fils des rois, des princes, ou de la foule du peuple, ils entraient tous à la petite école, et là on leur enseignait à arroser, à balayer, à répondre promptement et avec soumission à ceux qui les appelaient ou les interrogeaient; à entrer et à sortir selon les règles de la bienséance; à recevoir les hôtes avec politesse et à les reconduire de même. On leur enseignait aussi les usages du monde et des cérémonies, la musique, l'art de lancer la flèche, de diriger les chars, ainsi que celui d'écrire et de compter.

» Lorsqu'ils avaient atteint l'âge de quinze ans, alors, depuis l'héritier présomptif de la dignité impériale et tous les autres fils de l'empereur, jusqu'aux fils des princes, des premiers ministres, des gouverneurs de province, des lettrés ou docteurs de l'empire promus à des dignités, ainsi que tous ceux d'entre les enfants du peuple qui brillaient par des talents supé-

rieurs, entraient à la grande école, et on leur enseignait les moyens de pénétrer et d'approfondir les principes des choses, de rectifier les mouvements de leurs
cœurs, de se corriger, de se perfectionner eux-mêmes,
et de gouverner les hommes.

. . . .

» On ne demandait aucun salaire aux enfants du
peuple, et on n'exigeait rien d'eux que ce dont ils
avaient besoin pour vivre journellement. C'est pour-
quoi, dans ces âges passés, il n'y avait aucun homme
qui ne se livrât à l'étude [1]. »

Assurément, ce grand mouvement civilisateur passa
par bien des vicissitudes, et les écoles de la Chine,
par exemple, ne furent pas toujours aussi florissantes
qu'à l'époque dont l'écrivain que nous venons de citer
a tracé le curieux tableau. Il y eut là, comme dans
l'histoire de tout progrès, bien des hésitations, bien
des luttes, bien des obstacles à surmonter. Avant de
triompher des ténèbres qui cherchaient à l'éteindre, la
lumière fut plus d'une fois obscurcie. Il y eut même
des moments où elle sembla avoir complétement dis-
paru. Mais comme, en définitive, le monde lui appar-
tient, elle parvint à se débarrasser peu à peu des voiles et des nuages sous lesquels on s'efforçait de l'é-
touffer.

Le travail immense qui, dès cette époque, pousse

_____

[1] Préface du commentaire sur le *Ta Hio* ou la Grande Étude, de Confucius,
par le docteur Tchou-Hi, dans les *Quatre livres de philosophie morale et politique de la Chine;* traduction de G. Pauthier, édition Charpentier, p. 4.

le peuple à étendre son horizon intellectuel, étonne et scandalise les représentants de la philosophie officielle. Ceux qui prétendent se réserver l'instruction comme un privilège, et faire de la science le monopole de quelques individus, n'ont pas assez d'indignation et de sarcasmes pour en accabler ces *prolétaires*, ces *vils artisans* qui s'efforcent d'attirer quelques lueurs dans la nuit dont ils sont enveloppés. Écoutez Platon :

« La philosophie, — dit-il, — délaissée par ses propres enfants, les voit remplacés par des enfants supposés qui la déshonorent..... Des hommes de néant, voyant la place vide, et éblouis par les noms distingués et les titres qui la décorent, quittent volontiers une profession obscure, où leurs petits talents avaient brillé peut-être de quelque éclat, et se jettent dans les bras de la philosophie, semblables à ces criminels échappés de leur prison, qui vont se réfugier dans les temples. Car la philosophie, malgré l'état d'abandon où elle est réduite, conserve encore sur les autres arts un ascendant, une supériorité, qui la font rechercher par ces naturels qui n'étaient point faits pour elle, par ces vils artisans dont un travail servile a déformé, et dont il a en même temps dégradé l'âme. A les voir, ne dirait-on pas un esclave chauve et de petite taille, sorti depuis peu de la forge et des entraves, qui a amassé quelque argent, et qui, après s'être nettoyé au bain, et revêtu d'un habit neuf, va épouser la fille de son maître, que la pauvreté et l'abandon où elle est réduisent à cette cruelle extrémité? Quels enfants naîtront d'un pareil mariage? Sans doute des enfants con-

trefaits et abâtardis. De même, quelles productions
sortiront du commerce de ces âmes basses avec la philosophie? Des pensées frivoles, des sophismes, des
opinions dépourvues de vérité, de bon sens et de so-
lidité [1]. »

Platon avait beau dire; l'impulsion était donnée, le
mouvement émancipateur ne pouvait plus être arrêté.
Ces *vils artisans* comprenaient enfin qu'ils avaient droit
à la vie de l'intelligence comme à la vie du corps, et
qu'on leur avait trop lontemps disputé leur place au
soleil. Les esclaves, et c'est là un grand fait qu'on n'a
pas assez remarqué, s'emparent peu à peu de la société qui les écrase et qu'ils font vivre. Ils sont partout; ils accompagnent aux écoles les fils des patriciens, et ils portent leurs cahiers. Ils sont les inter-
prètes des philosophes et des historiens, des roman-
ciers et des poètes. Une de leurs occupations consiste
à lire à haute voix à leurs maîtres toutes les productions en vogue, depuis les traités de métaphysique [2]
jusqu'aux fables frivoles que récitaient les odalisques
dans les harems de l'Orient. Ils deviennent bientôt les
bibliothécaires des riches romains, qui les emploient
encore à la copie soit des manuscrits rares, soit du
compte rendu des délibérations du sénat. Mais pour
copier exactement ces livres, dont plusieurs roulaient
sur les questions les plus abstraites, pour les lire de
manière à les rendre intelligibles à leurs auditeurs,

[1] Platon. *République*, liv. VI, traduction de Grou, p. 249–50.
[2] Platon. *Théétète*.

il fallait bien qu'ils les comprissent eux-mêmes, qu'ils
en pénétrassent le sens caché, qu'ils saisissent le véritable mouvement de chaque période, de chaque phrase,
la véritable inflexion de chaque mot. Tout cela exigeait
évidemment de leur part de la réflexion, de longues
études préparatoires, une grande culture intellectuelle,
en un mot. Ils trouvaient donc dans l'exercice de leurs
fonctions quotidiennes, dans leurs travaux habituels,
mille moyens de s'instruire, en développant, en forti-
fiant leur intelligence. La philosophie et l'histoire, la
poésie et la musique ne pouvaient que réchauffer leurs
cœurs et qu'émanciper leur pensée, par l'incessant con-
tact, sous la vivifiante influence de leurs chefs-d'œuvre.
De là, sans doute, les grands écrivains, les grands
penseurs, les grands capitaines, qui de cette foule op-
primée surgissaient parfois avec une auréole au front :
un Térence, un Épictète, un Spartacus.

Mais, s'il y avait des philosophes qui justifiaient le
principe de l'esclavage, comme Bossuet devait le justifier plus tard ; s'il y avait des hommes assez égoïstes
pour condamner, pour flétrir, à l'exemple de Platon,
les efforts tentés par d'autres hommes dans le but de
s'affranchir au moyen de l'instruction et du travail,
il y en avait aussi qui sympathisaient avec ces légiti-
mes tendances, et plaidaient hautement la cause de la
justice, de la vérité méconnues. Voici un passage d'A-
ristote, d'une portée infinie, à notre avis, et qui cons-
tate formellement le fait que nous venons de men-
tionner.

D'après cet auteur, des *sages* « soutiennent que le
pouvoir du maître sur l'esclave est contre nature : « La

loi, — disent-ils, — établit seule la différence entre
l'homme libre et l'esclave. Or, la nature fait les hommes égaux : donc l'esclavage est une injustice, attendu
qu'il est le résultat de la violence [1]....... Il est atroce,
— ajoutent-ils, — de se voir esclave et soumis aux
caprices d'autrui, parce qu'on a trouvé des hommes
plus puissants et plus forts [2]. »

Il va sans dire qu'Aristote essaie de réfuter l'opinion des *sages* dont il parle; mais ses efforts ne font
que confirmer de la manière la plus éclatante le fait
sur lequel nous avons cru utile d'insister. Ils prou-
vent, en effet, que les idées de ces *sages* s'étaient répandues, qu'elles avaient eu du retentissement; qu'au
point de vue où ils s'étaient placés elles étaient à crain-
dre, et qu'il n'était plus possible de ne pas en tenir
compte, de se borner à y opposer un systématique et
dédaigneux silence.

La doctrine de Jésus, qui attaquait l'esclavage d'une
manière indirecte, mais très-efficace, en favorisant,
en développant l'immense mouvement d'émancipation
intellectuelle auquel les masses obéissaient depuis plusieurs siècles, devait, on le comprendra sans peine,
soulever contre elle toutes les égoïstes passions, toutes les brutales fureurs du gouvernement romain.
Autant elle rencontrait de sympathie chez les opprimés, autant les oppresseurs lui témoignaient de défiance
et de haine. On persécutait, on traquait partout les
chrétiens comme de véritables bêtes fauves. On les

---

[1] *Politique*. Liv. Ier, ch. III, p. 9; traduction de Champagne.
[2] Même ouvrage. Liv. Ier, ch. IV, p. 15.

traitait de *brandons de discorde*, *de perturbateurs du repos public*, *d'ennemis des dieux et des hommes*. Ces mots reviennent à chaque page dans les écrits du temps, et les Pères, les historiens de l'Église, les relèvent parfois avec un irrésistible accent d'indignation. Les fonctionnaires, les représentants officiels, les écrivains de la société païenne, dont ces épithètes constituent invariablement la logique ; tous ces opulents patriciens qui s'accommodaient si bien de la prostitution et de l'esclavage, de l'athéisme et de l'usure, faisaient ainsi grand vacarme contre les disciples de Jésus, qu'ils accusaient de vouloir détruire la religion, et toutes les institutions sociales [1].

Nous insistons sur ces faits, parce qu'ils fournissent le sujet d'un très-curieux rapprochement entre l'accueil que les grands personnages de la société romaine firent à la doctrine de Jésus, et l'accueil que les brâhmanes et les guerriers firent en Asie à la doctrine de Bouddha.

Le caractère de cette dernière réforme en explique

---

[1] « La religion chrétienne, aussitôt qu'elle fut dominante, devint persécutrice, comme auparavant elle avait été persécutée. Toute l'intolérance, toute la cruauté que l'on reproche si justement aux empereurs païens, se retrouve avec les mêmes caractères dans les actes émanés de leurs successeurs chrétiens contre les sectateurs de l'ancienne religion. Les sacrifices furent défendus sous peine de mort et de la confiscation des biens ; les temples furent démolis ; la belle et savante Hypatie fut assassinée dans sa chaire ; et si quelquefois le prince voulut conserver, comme œuvre d'art, les monuments du polythéisme, le zèle des moines transgressa ses ordres, et ameuta contre ces restes odieux une multitude ignorante et barbare. » — (*Histoire du Droit romain, ou Introduction historique à l'étude de cette législation;* par Ch. Giraud, ancien professeur à la Faculté d'Aix, ministre de l'instruction publique en 1851, p. 342.)

naturellement les progrès et la diffusion rapides, surtout en ce qui concerne l'Inde. Tous ceux qui avaient à se plaindre de quelque injustice, tous les malheureux, tous les déshérités, et nous savons combien le nombre en était grand dans la société dont les brâhmanes étaient les souverains maîtres, s'empressèrent autour d'un homme qui venait leur faire entendre, au sein de leur ignorance et de leur misère, des paroles d'espoir, de sympathie et de salut.

D'un autre côté, on n'est pas étonné de voir les castes privilégiées faire cause commune et se liguer étroitement contre le Bouddhisme. Menacées dans leurs priviléges et dans le despotisme qu'elles exercent impunément, elles s'alarment, et, de la crainte, passent bientôt à la fureur. La religion invoque le glaive; l'homme de l'idée fait appel à l'homme de la force, et l'épée sortant alors du fourreau, le massacre commence, impitoyable et sur une vaste échelle. « Depuis la mer du midi jusqu'au pied de l'Himalaya couvert de neige, que celui qui épargnera les femmes ou les enfants des bouddhistes soit livré à la mort! » Tel était le cri de guerre des persécuteurs de la doctrine nouvelle; il leur était inspiré par les mêmes passions, les mêmes haines dont plus tard devaient s'inspirer et ce concile qui promettait des indulgences aux bourreaux des hérétiques [1], et ce trop fameux légat d'un pape, s'écriant, quelques heures avant le sac de Béziers : « Tuez-les tous; Dieu reconnaîtra bien ceux qui sont à lui [2]! »

[1] *Concile général de Latran,* année 1215, ch. III.
[2] César d'Heisterbach, moine de Cîteaux, liv. V, C. XXI.

Mais, comme il arrive toujours en pareilles circons-
tances, la persécution fut impuissante et le courage
des martyrs lassa la fureur des bourreaux. Il n'y a pas
de glaive, pour aussi bien trempé qu'il soit d'ailleurs,
qui ne s'ébrèche ou ne se brise en frappant sur cette
force vivace, indestructible, qu'on appelle une idée.
Le Bouddhisme, poursuivi par des ennemis aussi puissants qu'implacables, ne s'amoindrit pas, ne se replia
pas sur lui-même pour leur échapper. Lorsqu'il sur-
nagea du milieu des flots de sang dans lesquels on
avait essayé de le noyer, il prit, au contraire, un élan
plus énergique, un essor plus irrésistible et plus rapide. Enfin, il fit de tels progrès et il devint bientôt
si fort, que, sous son influence civilisatrice et pour
obéir au premier de ses préceptes par lequel il est ordonné de ne pas tuer, de respecter la vie de tous les
êtres, l'empereur chinois Wou-ty décréta, au sixième
siècle de notre ère, l'abolition de la peine de mort.

www.ingramcontent.com/pod-product-compliance
Lightning Source LLC
LaVergne TN
LVHW022037080426
835513LV00009B/1096